PAIDEIA
ÉDUCATION

JEAN GIRAUDOUX

La Guerre de Troie n'aura pas lieu

Analyse littéraire

© Paideia éducation.

22 rue Gabrielle Josserand - 93500 Pantin.

ISBN 978-2-75930-375-5

Dépôt légal : Septembre 2023

Impression Books on Demand GmbH

In de Tarpen 42

22848 Norderstedt, Allemagne

SOMMAIRE

- Biographie de Jean Giraudoux.................................... 9

- Présentation de *La Guerre de Troie n'aura pas lieu*. 15

- Résumé de la pièce...................................... 19

- Les raisons du succès................................... 33

- Les thèmes principaux................................. 37

- Étude du mouvement littéraire............................... 43

- Dans la même collection.. 47

BIOGRAPHIE DE JEAN GIRAUDOUX

Jean Giraudoux naît à Bellac le 29 novembre 1882. Sa jeunesse est marquée par une scolarité studieuse et brillante : il obtient avec éclat son certificat d'étude à dix ans, passe un baccalauréat de philosophie et entre en classe préparatoire au lycée Lakanal de Seaux, où il prépare le concours d'entrée à l'École normale supérieure de la rue d'Ulm. Bercé pendant tout son apprentissage par le grec et le latin, fort en thème et en version comme le sont les meilleurs élèves d'une époque où l'enseignement s'appuyait essentiellement sur la rigueur des classiques antiques et sur la tradition rhétorique, il obtient le premier prix de version grec au concours général en 1902, et termine sa deuxième année de Khâgne avec le prix d'excellence. Titulaire à 22 ans d'une licence de Lettres, il se dirige ensuite vers la culture allemande, qui le passionne. Il séjourne alors à Munich où il poursuit ses études. Il rencontre Paul Morand dont il devient le précepteur. Il fait divers voyages durant les années qui suivent, en Serbie, en Italie puis aux États-Unis. Mais il échoue à l'agrégation d'allemand. Incertain quant à son avenir, ne souhaitant ni une carrière de journaliste (il est rédacteur depuis son retour de voyage pour le journal *Le Matin*), ni un avenir dans le professorat, il s'essaie à la carrière diplomatique. Il passe sans succès le concours des Affaires étrangères en 1909, mais il est reçu premier au concours des chancelleries l'année suivante, et entre au ministère des Affaires étrangères. Mais la guerre éclate en 1914. Mobilisé, finalement nommé sous-lieutenant, il est blessé à la bataille de la Marne puis aux Dardanelles, et reçoit la légion d'honneur. Il commença à écrire avant la guerre avec *Les Provinciales* (roman) et *L'École des Indifférents* (recueil de nouvelles). Il publie en 1917 et 1918 *Lectures pour une ombre* et *Simon le pathétique*. Son écriture est raffinée, empreinte de sa sensibilité autobiographique et touche un public lettré. Il se lie à Suzanne Boland, avec laquelle il a son fils unique, Jean-Pierre, né en 1919. Il l'épouse en 1921, deux ans après la naissance de leur fils. Il poursuit sa carrière diplomatique et publie d'autres romans : *Adorable Clio* (1920), *Suzanne et le Pacifique* (1921), *Siegfried et le Limousin* (1922), *Juliette au pays des hommes* (1924), *Bella* (1926) et *Églantine* (1927). Il remporte le prix Balzac pour *Siegfried et le Limousin*. Lui vient alors l'idée d'adapter ce roman pour le théâtre, et en travaillant le manuscrit, il fait la rencontre, en 1928, par l'intermédiaire de Bernard Zimmer, de Louis Jouvet. C'est alors le début d'une amitié et d'une collaboration théâtrale extraordinaires. Jouvet, malgré l'enthousiasme frénétique et l'honneur qu'il éprouve à monter cette pièce, ne croit pas au succès de *Siegfried* et doute de sa réception par le public. Pourtant, lorsque la pièce est jouée pour la première fois le 3 mai 1928, à la Comédie des Champs-Élysées, c'est une révélation. C'est alors pour Giraudoux le début de sa carrière en tant qu'auteur dramatique, et c'est sous ce visage qu'il est le plus connu de nos jours. L'association Jouvet/Giraudoux, celle du dramaturge et du comédien, de l'auteur et du metteur en scène, relève d'une symbiose parfaite : l'auteur permet à l'acteur d'exister, et l'acteur donne une vie réelle aux idées de l'auteur. Ils partagent la même conception du théâtre et l'on dit qu'il y a entre eux une entente quasi-télépathique. Jouvet, si la guerre et la mort ne l'avait pas éloigné de son dramaturge attitré, aurait certainement monté toutes les pièces de Giraudoux. Au théâtre des Champs-Élysées sont jouées *Amphitryon 38* en 1929 et *Intermezzo* en 1933. Les pièces suivantes voient le jour au théâtre de l'Athénée, que Jouvet dirige jusqu'à sa mort : *Tessa* (1934), *La Guerre de Troie n'aura pas lieu* et *Supplément au voyage de Cook* (1935), *Électre* et *L'Impromptu de Paris* (1937), et enfin *Ondine* (1939), qui connaît un franc succès. Deux pièces seulement ne sont pas jouées par la troupe de Jouvet : *Judith* (1931) et le *Cantique des cantiques* (1938). La première est jouée au théâtre Pigalle et la seconde à la Comédie-Française, mais les deux sont mises en scène par Jouvet. En une dizaine d'années Giraudoux écrit onze pièces, environ une pièce par an. Ses proches rapportent avec épatement la rapidité avec laquelle il rédige ses œuvres, écrivant parfois des dialogues entiers sans aucune retouche. Il affirmait en effet que pour faire entendre la voix des personnages il suffisait de savoir dialoguer avec soi-même. Pendant l'entre-deux-guerres, Giraudoux est un des auteurs les plus fameux sur les scènes parisiennes, bien que certains critiques l'accusent d'être trop littéraire (Giraudoux répond d'ailleurs à la critique dans *L'Impromptu de Paris*, qui met en scène les comédiens de la troupe de Jouvet dans leurs propres rôles).

En parallèle, il poursuit sa carrière diplomatique, et écrit en 1939 un essai politique : *Plein pouvoirs*, qui énonce son désir de voir se constituer en France « un type moral et culturel ». Il se prononce de plus en plus contre la guerre hitlérienne imminente. Mais cette dernière éclate, perturbant également le foisonnement des théâtres français. Le pays est sous occupation allemande et on interdit à Jouvet de jouer les pièces de Giraudoux. Il part alors en Amérique latine pour exercer son métier en toute liberté. Il joue d'ailleurs une pièce de Giraudoux, avec lequel il reste en contact : *L'Apollon de Bellac*, sous le titre *L'Apollon de Marsac*, en 1942 à Rio de Janeiro. Giraudoux reste en France, mais sans son ami et associé, le théâtre perd pour lui de sa couleur. Il fait jouer sa nouvelle pièce, *Sodome et Gomorrhe*, au théâtre Hebertot en 1943, mais n'en est pas complètement satisfait. Sans assister à la fin de la guerre, il meurt le 31 janvier 1944 d'une pancréatite. Jouvet s'en voudra toujours de ne pas avoir été là à sa mort, et lorsqu'il revient en France en 1945, il trouve le manuscrit de *La Folle de Chaillot*, que

Giraudoux lui avait confié pour qu'il le monte au théâtre de l'Athénée. Dès lors, Jouvet déploie toute son énergie pour ré-ouvrir son théâtre et se consacrer à la pièce, qui est jouée pour la première fois le 19 décembre 1945. La dernière pièce écrite par Giraudoux, *Pour Lucrèce*, est montée par Jean-Louis Barrault en 1953, deux ans après la mort de Jouvet, au théâtre Marigny.

PRÉSENTATION DE LA GUERRE DE TROIE N'AURA PAS LIEU

La Guerre de Troie n'aura pas lieu est jouée pour la première fois sur la scène du théâtre de l'Athénée le 22 novembre 1935. Elle est publiée un mois plus tard par l'éditeur Bernard Grasset. C'est la pièce de Giraudoux qui a connu le plus grand rayonnement, celle qui fut le plus jouée à l'étranger et la plus étudiée dans nos classes.

L'action se situe dans les remparts de Troie, et la famille royale (le roi Priam, son fils Hector et son épouse Andromaque) est au centre d'un débat concernant l'utilité de la guerre qui s'annonce. Car Pâris, frère d'Hector, a enlevé Hélène, et en la retenant entre les murs de Troie, c'est la fureur des Grecs et de Ménélas, offensé, qu'il risque de déchaîner. S'affrontent alors les partisans de la guerre et les défenseurs de la paix. Hector fera tout pour la préserver, mais les tensions internes et le déchaînement des passions mèneront finalement à l'inéluctable affrontement, autour de la figure centrale d'Hélène, indifférente à l'extrême et portant pourtant en elle, par ce qu'elle suscite, par ce qu'elle représente, le germe d'un destin funeste.

Reprenant le thème mythique de l'*Iliade*, celui de la fameuse guerre de Troie, l'auteur présente sa pièce sous le signe de la tragédie antique, dominée par l'ombre de la fatalité. Car quoi qu'en dise le titre, chacun sait ce que l'histoire réserve aux personnages : la guerre de Troie aura bien lieu, et le spectateur sait déjà que tous les efforts des protagonistes pour empêcher cette guerre seront rendus vains par le dénouement. Une tragédie, oui, mais pas seulement. Giraudoux a volontairement situé sa pièce avant l'épopée antique, avant le récit qu'Homère fit de cette guerre. Il reprend donc des figures mythiques qu'il éclaire d'une toute nouvelle lumière, avant qu'elles soient immortalisées par la plume du poète grec, avant leur gloire et leur déchéance, dans leur humanité et leur intimité. Tout en respectant leur rôle immuable, Giraudoux les personnalise et les modernise, il les situe dans une histoire intemporelle, mêlant aux références antiques les nombreuses allusions à l'actualité, notamment à la guerre de 14 et à certaines figures politiques, ou encore aux écrivains qui ont évoqué la guerre de Troie, tels que Ronsard, Shakespeare et Racine, répétant ainsi les clins d'œil à l'attention du spectateur cultivé. C'est donc volontairement qu'il multiplie les anachronismes, et confronte les passages comiques, qu'ils soient cyniques ou burlesques, ironiques ou grossiers, à la poésie et à la rhétorique tragique des répliques.

Dans cette période de l'entre-deux-guerres où elle naît, la pièce surgit comme une interrogation, une résistance et une crainte devant la montée de la puissance allemande et la seconde guerre qui se prépare. Elle explore les nœuds internes qui peuvent conduire un peuple à vouloir la guerre, à la préparer en son sein et, loin de véhiculer en réalité un message fataliste, elle pousse à agir contre ces forces qui sont en marche en chacun, et qui peuvent mener au pire.

RÉSUMÉ DE LA PIÈCE

Acte I

Scène 1

Andromaque annonce à Cassandre que la guerre de Troie n'aura pas lieu, que les Troyens rendront Hélène aux Grecs. Cassandre affirme le contraire, que le destin est en marche dans chaque Troyen et dans chaque bonheur qui s'annonce. Andromaque attend un enfant d'Hector, qui revient victorieux de la guerre.

Scène 2

Hector et Andromaque se retrouvent, Hector demande à Cassandre d'aller chercher Pâris, et elle lui apprend qu'Andromaque attend un enfant.

Scène 3

L'enfant d'Andromaque sera un fils. Hector annonce à sa femme qu'il n'aime plus la guerre, lui qui a été un grand guerrier, qui croyait en faisant la guerre défendre ce qu'il chérissait, a reconnu sa propre image, ses propres frères dans ses ennemis, et ne croit plus en la vertu de la guerre. Mais Andromaque lui dit qu'elle est déjà là, les Grecs réclament Hélène, et que si lui-même rejette cette guerre, les Troyens, quant à eux, y croient et la feront, et d'autres l'aimeront puisqu'il l'a aimée un jour. Hector tente de la rassurer. Il entend parler au roi son père, ainsi qu'à Pâris, afin de les raisonner.

Scène 4

Hector parle à son frère Pâris et tente de le convaincre de rendre Hélène aux Grecs. Mais Pâris est très satisfait d'Hélène et aime plus que tout sa froideur et son indifférence, la distance qu'elle affiche et qui l'éloigne de lui jusque dans ses étreintes. Hector le questionne, dans un échange plutôt comique, afin de savoir si Pâris a pu faire quelque chose qui offensa le peuple grec lorsqu'il enleva Hélène, mais il s'avère qu'à part le rapt de cette dernière, il n'a commis aucune bévue. Devant l'entêtement de Pâris, Hector le menace du jugement de leur père, Priam. Mais Cassandre l'avertit que le roi a un faible pour Hélène, comme tous les Troyens, et n'acceptera pas de la rendre. Passe alors Hélène sur les remparts, et tous les vieillards de la cité l'observent avec ravissement.

Scène 5

Deux vieillards courent dans les escaliers des remparts afin de pouvoir tour à tour acclamer Hélène et l'observer ensuite d'en bas. Hector ne croit pas que son père puisse avoir ce comportement. On annonce alors le roi, suivi d'Andromaque, de la reine Hécube et de la petite Polyxène.

Scène 6

Priam, soutenu par le poète Demokos, vante les beautés d'Hélène, et la loue comme symbole même de la Beauté, celle qui vaut tous les combats. Le géomètre lui-même vient la comparer à l'harmonie parfaite de l'univers. Hector ne voit pourtant en elle qu'une femme ordinaire, et qui pourrait causer une guerre redoutée. La reine Hécube soutient le même discours, montrant son antipathie pour ceux qui adorent une femme grecque et ne font même pas honneur à celles de leur propre pays. Devant la persistance des hommes à défendre l'image d'une femme idéale, Hécube et Andromaque, ainsi que la petite Polyxène dans sa simplicité enfantine, rappellent la femme dans ce qu'elle a de plus vil, et qu'elle fait l'orgueil et la bassesse de l'homme plus que son courage et sa valeur. Mais le roi et le poète convoquent pour argument la bravoure que l'homme obtient à la guerre, seule réalité capable d'enfanter des héros. Hécube affirme alors que les hommes ne changent pas, même à la guerre ils restent les mêmes, et Andromaque surenchérit en disant que les braves sont ceux qui meurent, et les héros de guerre, qui y survivent, sont ceux qui ont fui à un moment ou à un autre le champ de bataille. Quel mal y-a-t-il alors à souhaiter la paix ? Le dernier argument du poète Demokos est le dévouement envers son pays, et le patriotisme dont un homme doit faire preuve. Mais Andromaque entend que les morts ne servent pas leur pays. Hector redemande à Pâris de bien vouloir rendre Hélène, ce qu'il refuse. Il pense alors à convaincre Hélène de partir d'elle-même. Priam s'interpose en disant qu'Hélène appartient à Troie, cependant Priam accepte le défi de son frère, certain qu'Hélène se refusera à partir. Tous se retirent, restent Hector et Demokos, et ce dernier chante à la gloire d'Hélène en la voyant paraître, et invente en même temps, dans un anachronisme amusant, les vers rimés.

Scène 7

Pâris vient trouver Hélène et lui demande de répéter à Hector qu'elle ne repartira pas en Grèce. Docile, elle répète tout ce qu'il lui demande.

Scène 8

Hector cherche à connaître les sentiments d'Hélène pour Pâris. Elle se révèle lointaine et indifférente dans ses paroles, elle avoue qu'elle aime obéir à Pâris, mais elle ne semble animée d'aucun sentiment particulier. Ce qui la motive sont les couleurs qu'elle perçoit des êtres, celles qui se découpent davantage : elle les suit, elle les voit. Les autres non. Hector lui demande si elle voit Pâris au loin, devant le mur du rempart. Elle ne le voit plus distinctement. Hector en conclue qu'elle n'aime pas Pâris. Il apparaît qu'elle se laisse indifféremment manipuler par les forces en jeu dans l'univers, indolente et détachée.

Scène 9

Hector annonce à Cassandre qu'Hélène va rentrer en Grèce. Hélène le met en garde contre le destin, en lui précisant que ce n'est pas en la manipulant elle-même, faible créature, qu'il parviendra à se jouer des forces qui le dépassent. Elle avoue ensuite qu'elle n'a rien décidé, et que la perspective de rentrer en Grèce n'est pas une scène qu'elle parvient à distinguer dans l'avenir. Hector s'emporte contre sa légèreté et ses choix de couleur face à une guerre qui s'annonce comme une catastrophe. Mais la guerre est le seul événement qu'Hélène voit distinctement, rouge vif, de la mort de Pâris à celle d'Hector, son fils et Andromaque pleurant sur son corps. Elle accepte de rentrer, mais Hector, malgré ses efforts et ses victoires, sent bien que tout s'agite au contraire pour la guerre, autour de lui, dans les visions d'Hélène. Cette dernière affirme qu'elle ne décide rien, la guerre n'est pas son choix personnel. Pourtant elle ne voit qu'elle. Un messager annonce alors l'arrivée de la flotte grecque, et Hector confie

Hélène à Cassandre.

Scène 10

Cassandre et Hélène parlent de leur capacité à entrevoir l'avenir, Cassandre par la sensation, Hélène par la vision. Puis Cassandre invoque la paix, qui apparaît. Mais Hélène ne la voit pas. Elle tente alors de se remettre du rouge, outrageusement, mais la paix demeure invisible. Cassandre parle à une abstraction que nie Hélène.

Acte II

Scène 1

Hélène s'adresse au jeune Troïlus, qui la suit partout, et lui demande de l'embrasser, mais ce dernier n'ose pas.

Scène 2

Pâris les rejoint et dit à son frère qu'il a bien tort. Hélène certifie à Troïlus qu'il l'embrassera.

Scène 3

Demokos vient voir Hélène et lui demande de poser, afin de graver son visage souriant dans sa mémoire. Pâris est perplexe.

Scène 4

Les portes de la guerre sont toujours ouvertes. Hécube fait quelques remarques cyniques sur les deux battants restés ouverts, et Demokos affirme ensuite avec Abnéos la nécessité d'un chant de guerre, qu'il propose d'écrire, afin de pousser les soldats au combat. Hécube s'y oppose avec sarcasmes et Pâris ne comprend pas vraiment l'utilité d'un nouveau chant. Demokos explique alors que la guerre a besoin d'être flattée, et qu'il entend la comparer au visage d'Hélène. Le géomètre propose ensuite d'employer les épithètes au combat, idée soutenue par Demokos qui souhaite organiser un concours d'épithètes, où chacun s'insulterait copieusement, afin de stimuler l'ardeur des combattants. Pâris s'entraîne à insulter Demokos mais il s'avère que sa mère, Hécube, est beaucoup plus cinglante à ce petit jeu. Demokos en est plutôt content et se demande s'il ne devrait pas laisser l'écriture du chant de guerre à Hécube. La reine lui promet de lui dire à quoi ressemble selon elle le visage de la guerre, une fois que les portes seront fermées.

Scène 5

Hector s'impatiente à propos de la fermeture des portes. Priam lui fait remarquer que ce n'est pas une bonne idée puisqu'ils devront certainement les rouvrir dans très peu de temps. Mais Hector souhaite ne serait-ce qu'un instant de paix, ce que n'approuve pas le roi, car cela pourrait affaiblir les volontés et endormir les esprits devant la bataille inévitable. Cependant, Hector a l'intention d'accueillir les Grecs dans une ville en paix, et l'entretien avec Ulysse lui semble désormais le seul moyen d'éviter la guerre. Demokos fait alors appel au juriste Busiris, membre du Sénat, qu'il a convoqué afin qu'il clarifie la situation entre Troie et la Grèce. Selon les observations de Busiris, les Grecs ont, par leur façon d'aborder Troie avec leur flotte, insulté les Troyens. De plus, un certain Oiax a abordé la ville en traître et sème la discorde.

L'honneur veut donc qu'ils soient combattus, même si la cité devait disparaître. Mais Hector, par la menace, parvient à lui faire corriger son jugement, et l'attitude des Grecs devient alors, à travers les arguments de Busiris, celle d'un peuple tout à fait ouvert à la négociation, présentant leurs navires de face comme une offrande et non plus comme une attaque, et saluant la fertilité et la richesse de Troie. Ainsi Hector donne l'ordre de recevoir Ulysse en paix. On lui demande ensuite de prononcer le discours aux morts, mais Hector, dans un discours en hommage aux vivants plutôt qu'aux défunts, ne justifie pas leur bravoure par la mort, et les plaint davantage qu'il ne les loue. Demokos en est contrarié. Les portes se ferment. Hécube répond à Demokos sur le vrai visage de la guerre, dont elle dit qu'il ressemble à un « cul de singe ». Andromaque confie un secret à la petite Polyxène.

Scène 6

Polyxène vient trouver Hélène et lui demande de partir si elle tient à eux, répétant ce que lui a confié Andromaque. Mais Hélène, utilisant l'ignorance que la petite fille a de la mort, lui fait comprendre qu'on ne part pas loin des gens quand on les aime. Polyxène, troublée, dit finalement le contraire de ce qu'elle était venue dire.

Scène 7

Hécube vient récupérer sa fille, qui ne souhaite plus le départ d'Hélène.

Scène 8

Hélène et Andromaque s'expliquent. Andromaque,

sentant cette guerre inévitable, demande à Hélène d'aimer Pâris. Puisqu'il faut faire la guerre, que ce soit pour une passion et un amour véritable, car cette guerre qui s'annonce fondera un avenir qui devrait être bâti sur une belle cause. Mais Hélène est tout à fait satisfaite de sa relation d'entente harmonieuse avec Pâris. Andromaque réclame alors sa pitié, mais Hélène affirme que ce n'est pas un sentiment dont elle est capable, bien qu'elle sache tout à fait ce qu'est le malheur. Andromaque est désespérée. Hélène lui suggère de se référer à son propre couple si elle souhaite justifier la guerre par l'amour.

Scène 9

Oiax entre. Il recherche Pâris pour le tuer. Il insulte Hector et le provoque pour qu'il déclare la guerre. Mais Hector reste ferme dans ses intentions pacifiques, même lorsqu'Oiax le gifle.

Scène 10

Demokos arrive et réclame une explication. Hector nie avoir été insulté, et Oiax n'en croit pas ses oreilles. Demokos s'insurge et finit par recevoir lui aussi une gifle. Il crie alors à la guerre, mais c'est Hector qui le fait taire par une seconde gifle.

Scène 11

Priam, Pâris et les notables se rassemblent autour du groupe et cherchent à savoir ce qu'il s'est passé mais Demokos est incapable de fournir une explication intelligible et ne fait que se ridiculiser. Finalement, Oiax salue Hector, admiratif de la gifle qu'il vient de donner à Demokos, et déclare qu'ils ont des ennemis communs et qu'il ne cherchera plus le conflit avec lui. Il retourne vers la flotte grecque. Andromaque félicite Hector mais ce dernier répond que le destin dispose à sa façon des victoires qu'il remporte.

Scène 12

Ulysse vient réclamer Hélène, et à l'étonnement général des Grecs, Hector est disposé à la rendre. Ulysse affirme alors qu'elle doit être également intacte, c'est-à-dire dans le même état que lorsqu'elle fut enlevée. Hector affirme alors que Pâris n'a pas touché Hélène, et les Troyens le confirment. Ulysse suggère alors l'impuissance de Pâris. Les Troyens s'offusquent et Pâris est un peu déconfit, mais Hector lui rappelle qu'il n'a pas longtemps à tenir. Cependant, les gabiers ne supportant pas l'offense faite à Pâris, décident de tout révéler des nuits qu'ont passées ensemble Hélène et Pâris sur le pont du bateau qui les ramenait à Troie. S'ensuit une description assez cocasse de la chose. Finalement, Iris, messagère des dieux, descend du ciel, et délivre des messages complètement contradictoires : Aphrodite veut qu'Hélène et Pâris ne soient pas séparés, ou ce sera la guerre. Pallas au contraire affirme qu'il faut les séparer, sinon ce sera la guerre, mais c'est finalement la volonté de Zeus qui sera respectée : les deux solutions sont possibles et c'est aux chefs de chaque parti de se rencontrer et d'en décider. Iris repart en laissant un arc-en-ciel derrière elle (son écharpe) et Ulysse et Hector se retrouvent seuls.

Scène 13

Ulysse et Hector sont seuls. Hector pense qu'il est encore temps d'éviter la guerre par des négociations. Ulysse affirme que c'est le propre des chefs d'état de se rencontrer, fraternellement, avant le conflit, et bien qu'ils consentent à penser que la guerre est un fléau, la guerre éclate pourtant le lendemain. Ulysse semble certain que la guerre est inévitable, que le destin a longtemps préparé leurs deux peuples à l'affrontement. Il dit aussi que les autres Grecs voient d'un mauvais œil la richesse et la prospérité de Troie. Mais c'est selon lui l'enlèvement d'Hélène qui a été le premier signe de la guerre, car Hélène est un être entièrement habité par le destin, et sans doute que Pâris aurait pu enlever n'importe quelle autre femme sans provoquer la guerre. Hector promet aux Grecs qu'Hélène leur sera rendue, mais Ulysse affirme que le destin offensé ne se rétracte pas. Hector est alors prêt à déclarer la guerre, mais Ulysse le rassure en disant qu'il accepte de l'aider à éviter cette dernière, car il n'a rien contre lui. Il veut bien essayer d'aller contre le destin en rendant Hélène à Ménélas. Il retourne vers son navire en pressentant que le destin peut à tout moment tomber sur lui et provoquer sa mort pour qu'éclate la guerre. Hector respecte sa noblesse.

Scène 14

Andromaque vient près d'Hector, épuisée, et se bouche les oreilles pour ne rien entendre jusqu'à ce qu'Ulysse ait rejoint son navire et que leur sort soit fixé. Hector demande à Cassandre d'aller chercher Hélène. Oiax, ivre, lorgne Andromaque et l'embrasse à plusieurs reprises, dans le cou et sur l'oreille. Mais cette dernière reste impassible et Oiax s'en va finalement rejoindre les Grecs. Demokos entre et s'insurge qu'Hélène soit rendue. Il crie à la guerre, mais Hector le tue de son javelot, affirmant à Andromaque que la guerre n'aura pas lieu. Cependant, les Troyens veulent désormais venger Demokos et ce dernier leur affirme avant de mourir que c'est Oiax qui l'a tué. Les Troyens déclarent la guerre et les portes s'ouvrent sur Hélène embrassant Troïlus. Cassandre annonce que la parole est désormais au poète grec.

LES RAISONS
DU SUCCÈS

Quand Giraudoux écrit *La Guerre de Troie n'aura pas lieu*, d'ailleurs assez rapidement, il réinvestit un thème classique maintes fois exploité dans la littérature, et il ne manque pas, en auteur cultivé, de faire allusion à la pièce de Shakespeare, *Troïlus et Cressida*, ou aux sonnets de Ronsard sur la figure d'Hélène. Le succès du théâtre de Giraudoux commença avec *Siegfried* en 1928. *La Guerre de Troie n'aura pas lieu* est la sixième pièce de l'auteur et demeure la plus étudiée et la plus célèbre à l'étranger. Il n'y a aucun doute que sa collaboration féconde avec Jouvet, source d'inspiration et de création réciproque, soit pour quelque chose dans l'épanouissement de la production théâtrale de Giraudoux. Toute nouvelle pièce montée par Jouvet est un succès. Son théâtre dans la période de l'entre-deux-guerres occupe une place importante et remarquée. *La Guerre de Troie* est la première pièce à mettre sur le devant de la scène le motif de la guerre, même si l'œuvre entière de Giraudoux est nourrie par ce thème. Et en 1935, parler de la guerre, c'est parler de la Grande Guerre, à laquelle l'auteur fait de nombreuses allusions, mais c'est aussi parler de celle qui se prépare tout près, avec la montée d'Hitler. La toile de fond antique et la menace de la guerre de Troie prennent alors une couleur d'actualité, la mythologie côtoie le décor politique des années 30 et le propos frappe d'autant plus les spectateurs. Les questions fondamentales que pose Giraudoux à travers les héros de l'antiquité font mouche, tout autant que les jeux d'esprit. Les principaux détracteurs de la pièce sont ceux qui accusent l'auteur de pacifisme, considéré comme dangereux et lâche dans une époque comme celle-ci, et ceux qui jugent en général les pièces de Giraudoux comme trop précieuses et relevant exclusivement d'un jeu littéraire d'érudit. De nos jours, le théâtre de Giraudoux est considéré comme un classique du XXe siècle, aux côtés d'autres auteurs comme Cocteau, Camus, Ionesco ou

Sartre, pour ne citer qu'eux. Le théâtre au XXe siècle n'est uni sous aucune bannière, mis à part le théâtre de l'absurde dans la seconde moitié du siècle. À l'époque où il écrit ses pièces, Giraudoux est un souffle nouveau et unique pour les scènes parisiennes, auxquelles il offre une variété de thèmes et de paysages, apportant sa poésie et sa mythologie.

LES THÈMES PRINCIPAUX

Le thème principal de *La Guerre de Troie* est bien sûr la guerre, cette guerre de Troie mythique qui plane sur les personnages comme une fatalité, et dont chaque spectateur sait pertinemment qu'elle aura bien lieu, c'est écrit, c'est acquis. L'idée de guerre dans cette pièce pose la question fondamentale de l'action contre le destin : faut-il se débattre contre l'inévitable ou accepter la fatalité ? Giraudoux a choisi de montrer l'importance de l'action, car même si les personnages semblent se débattre en vain pour éviter cette guerre, ce sont leurs efforts et leurs arguments qui font toute la matière de la pièce. Giraudoux plante le décor avec, d'un côté les partisans de la guerre (le poète Demokos, le vieux roi Priam, les vieillards, le géomètre et les Troyens en général) et de l'autre, ceux qui luttent pour la paix ou critiquent la guerre (Hector, Andromaque, Hécube). Au milieu du tableau se dressent notamment Hélène, figure neutre et indifférente, et Cassandre, froide et fataliste. Ils se confrontent, et le ton de leurs échanges alterne entre le comique et le dramatique. Giraudoux a affirmé avoir écrit une tragédie, une tragédie « à sa façon », certes, c'est-à-dire remplie d'allusions et de traits d'humour, mais une tragédie tout de même. La guerre en est une, et la guerre de Troie particulièrement, en ce qu'elle symbolise la guerre originelle, l'emblème de toutes les guerres, la plus symbolique, la plus fondamentale. Giraudoux en exploitant ce thème pose donc la question de la guerre à ses origines, et évite ainsi d'être accusé trop violemment d'avoir fait une critique de l'actualité. Cela ne l'empêche pas pour autant de glisser dans son texte plusieurs références à la situation politique, à la guerre qui se prépare ainsi qu'à la Première Guerre mondiale que vient d'essuyer l'Europe et à laquelle il a été confronté personnellement. Le discours de Busiris par exemple (Acte II, scène 5) est une parodie du discours stratégique des spécialistes de la guerre, ce dernier usant de son érudition pour retourner à son avantage ses arguments sur les lois internationales. L'anachronisme et le ridicule du personnage prêtent à rire. Plusieurs allusions à la guerre de 14 sont glissées dans les propos des personnages : Demokos, avant de trouver l'idée du chant de guerre, évoque le « vin à la résine vigoureusement placé » qui ragaillardit les soldats, et l'on pense inévitablement au « pinard » des poilus de 14-18 (Acte II, scène 4). De même, lorsqu'Andromaque, dans la scène d'exposition, affirme à Cassandre que la guerre que vient de mener Hector était la « dernière », le spectateur de l'époque pense tout de suite aux réflexions sur la Première Guerre que l'on considérait comme « la der des der ». Plus flagrante encore : la réunion d'Ulysse et Hector (Acte II, scène 13), qui se concertent pour décider du conflit. Le décor que décrit Ulysse (« À la veille de toute guerre, il est courant que deux chefs des peuples en conflit se rencontrent seuls dans quelque innocent village, sur la terrasse au bord d'un lac, dans l'angle d'un jardin. ») n'est pas sans évoquer les conférences de Locarno et de Stresa en 1925 et 1935, qui ont mené aux traités visant à renforcer la paix européenne après le conflit de 1914-1918, et devant la menace hitlérienne. De même, lorsqu'Ulysse pressent, dans cette même scène, qu'il pourrait être victime d'un attentat que le destin pourrait provoquer pour faire éclater la guerre (« Il est bien long, le chemin qui va de cette place à mon navire. [...] Il est long comme le parcours officiel des rois en visite quand l'attentat menace »). Il s'agit là d'une référence d'actualité aux assassinats du roi de Yougoslavie et du ministre Barthou, sans parler de celui de Sarajevo en 1914, qui provoqua la Première Guerre mondiale. Ainsi l'on voit à quel point Giraudoux place son propos sur deux plans : la guerre mythique, mère de toutes les guerres, celle de Troie, la guerre comme concept, et la guerre récente, la guerre actuelle, celle dont les

Français de l'époque sont encore meurtris. Son propos est donc d'autant plus percutant.

En situant l'intrigue dans le monde antique, Giraudoux s'est amusé à démythifier les figures mythologiques. Les allusions à l'*Iliade* (les images dans la rétine d'Hélène à la scène 9 de l'Acte I, montrant notamment la mort d'Hector) sont faites à l'attention d'un public érudit et connaisseur, mais se mêlent aux scènes franchement comiques d'un Ménélas pincé par un crabe qui ne remarque même pas l'enlèvement d'Hélène (Acte I, scène 4), d'une Iris messagère qui perd son écharpe, ou de dieux qui se contredisent (Acte II, scène 12). La critique de la guerre prend donc souvent le ton ironique de la démythification, lorsqu'Hécube annonce à Demokos que le vrai visage de la guerre est celui d'un « cul de singe » (Acte II, scène 5) par exemple. Contre ceux qui veulent faire la guerre pour un idéal de Beauté (celle d'Hélène), affirmant que la guerre fait les hommes courageux et honorables, Hector, Andromaque et Hécube la rappellent dans tout ce qu'elle a de barbare, de lâche et de stupide. C'est ainsi qu'Hector prononce le discours aux morts (qui est une tradition) dans lequel, loin de faire l'éloge des disparus, il les plaint : « La guerre me semble la recette la plus sordide et la plus hypocrite pour égaliser les humains et [...] je n'admets pas plus la mort comme châtiment ou comme expiation au lâche que comme récompense aux héros. » (Acte II, scène 5). En prenant le contre-pied du mythe qui fait d'ordinaire l'éloge du courage et de l'honneur guerriers, Giraudoux semble défendre une idée pacifiste, ce qu'il n'a pourtant jamais vraiment revendiqué. Son but était davantage de mettre en lumière les contradictions et les aberrations qui sont au cœur des idéaux, qu'ils soient guerriers ou pacifistes car, comme l'incarne Hector, le pacifiste est celui qui est « toujours prêt à faire la guerre pour l'éviter » et c'est finalement Hector lui-même, malgré tous ses efforts, qui provoquera la guerre qu'il redoute, involontairement, en tuant Demokos. On observe également que la guerre a un rapport avec le désir, avec les pulsions primitives qui agitent les volontés de mort. La cause de la guerre est une femme, Hélène, et une liaison sexuelle, celle d'Hélène et Pâris. L'enlèvement d'Hélène est le symbole de la violence sexuelle primitive. En associant la jeune femme à la patrie et à un idéal de beauté, les Troyens l'ont faite leur. Hélène n'est plus seulement une femme, elle est l'image où convergent toutes les pulsions de mort, notamment celle de la foule (les vieillards qui contemplent Hélène aux scènes 4 et 5 de l'Acte I) qui souhaite se fondre dans la femme, la beauté, la mère patrie. Finalement, même Hector cédera à cette pulsion de mort en tuant Demokos.

Ce que dénonce principalement l'auteur, ce sont les images et les concepts qui justifient les batailles meurtrières, qu'il s'agisse d'Hélène et de la Beauté, de l'Amour, de la Patrie, tout ce pour quoi les hommes se battent et que glorifie le poète nationaliste (Demokos) dans ses chants.

ÉTUDE DU MOUVEMENT LITTÉRAIRE

Giraudoux ne s'inscrit dans aucun mouvement littéraire particulier. Le XXe siècle, en termes « d'écoles littéraires », offre davantage une diversité d'œuvres, de sensibilités et de poétiques variées. Il n'y a guère que le mouvement surréaliste, l'existentialisme et le théâtre de l'absurde qui se revendiquent comme esthétiques à part entière, avec leurs codes particuliers. Giraudoux n'appartient à aucun de ces mouvements, et son théâtre, moderne et poétique, n'est motivé que par son érudition et sa sensibilité personnelle, et non par la volonté de se situer dans telle ou telle mouvance. On peut cependant observer les caractéristiques du théâtre de l'entre-deux-guerres, dans lequel il s'inscrit, et comprendre les influences et les préoccupations de l'époque où il écrit ses pièces.

Au lendemain de la Grande Guerre, le surréalisme a étendu son influence jusqu'à la scène, lorsqu'Apollinaire écrit *Les Mamelles de Tirésias*, joué en 1917. Armand Salacrou, auteur surréaliste, crée des premières pièces absurdes et farfelues comme *Tour à terre* (1925) ou *Le Pont de l'Europe* (1927), et Antonin Artaud est encore lié aux surréalistes lorsqu'il fonde le théâtre Alfred Jarry avec Roger Vitrac en 1927. Outre l'influence surréaliste, on observe au théâtre une mode de la réutilisation des mythes antiques, comme le fait Giraudoux avec *La Guerre de Troie n'aura pas lieu* ainsi qu'*Électre*, *Amphytrion 38* mais aussi *Ondine* ou *Judith*. Jean Cocteau exploite le mythe d'Oedipe dans *La Machine infernale*, Sartre reprend le mythe des Atrides dans *Les Mouches*. Le théâtre est également largement représenté dans l'entre-deux-guerres par la comédie de boulevard, dont on retiendra pour le meilleur Sacha Guitry, qui a écrit pas moins de vingt-neuf ouvrages pour la scène, tous d'une écriture vive et pétillante. Mais certaines comédies, comme celles de Jules Romains, lesquelles connurent un franc succès entre 1920 et 1930, sont plus acerbes et satiriques, telles les critiques de la médecine (*Knock*) et de la science (*Donogoo*). La problématique de la guerre est évidemment un thème qui préoccupe les dramaturges (pour l'importance de l'arrière-plan de la Première Guerre, on peut citer *Siegfried*, de Jean Giraudoux ; dans *La Terre est ronde*, Armand Salacrou s'alarme de la montée du fascisme). Demeurent certains ovnis comme Paul Claudel, qui fait figure d'exception tant son théâtre est unique, autant dans son utilisation du sacré que dans sa diversité esthétique.

Le théâtre du XXe siècle dans son ensemble est marqué par un souffle qui l'anime, le pense et le questionne. C'est le cas de beaucoup de genres littéraires : face aux bouleversements de l'époque, on éprouve la nécessité de repenser le roman, les codes poétiques et la recherche théâtrale. La naissance du cinéma pose de nouvelles questions à la scène, qui s'est d'ailleurs vue transformer par l'implication artistique de plus en plus importante des metteurs en scène. Le XXe siècle marque ainsi l'avènement de l'ère du metteur en scène, avec le perfectionnisme de Jacques Copeau et sa volonté de retourner aux formes traditionnelles du théâtre, puis l'importance du « Cartel » formé par Charles Dullin, Louis Jouvet, Gaston Baty et Georges Pittoëf. Malgré leurs différences, ils partagent la même idée d'un théâtre indépendant et libre, un art à servir loin des revendications commerciales de certains de leurs confrères. Ils représentaient alors le « théâtre d'avant-garde », et ont permis de faire vivre la richesse du théâtre de l'entre-deux-guerres par leur amour des textes.

DANS LA MÊME COLLECTION
(par ordre alphabétique)

- **Anonyme**, *La Farce de Maître Pathelin*
- **Anouilh**, *Antigone*
- **Aragon**, *Aurélien*
- **Aragon**, *Le Paysan de Paris*
- **Austen**, *Raison et Sentiments*
- **Balzac**, *Illusions perdues*
- **Balzac**, *La Femme de trente ans*
- **Balzac**, *Le Colonel Chabert*
- **Balzac**, *Le Lys dans la vallée*
- **Balzac**, *Le Père Goriot*
- **Barbey d'Aurevilly**, *L'Ensorcelée*
- **Barbey d'Aurevilly**, *Les Diaboliques*
- **Bataille**, *Ma mère*
- **Baudelaire**, *Les Fleurs du Mal*
- **Baudelaire**, *Petits poèmes en prose*
- **Beaumarchais**, *Le Barbier de Séville*
- **Beaumarchais**, *Le Mariage de Figaro*
- **Beauvoir**, *Mémoires d'une jeune fille rangée*
- **Beckett**, *En attendant Godot*
- **Beckett**, *Fin de partie*
- **Brecht**, *La Noce*
- **Brecht**, *La Résistible ascension d'Arturo Ui*
- **Brecht**, *Mère Courage et ses enfants*
- **Breton**, *Nadja*
- **Brontë**, *Jane Eyre*
- **Camus**, *L'Étranger*
- **Carroll**, *Alice au pays des merveilles*
- **Céline**, *Mort à crédit*

- **Céline**, *Voyage au bout de la nuit*
- **Chateaubriand**, *Atala*
- **Chateaubriand**, *René*
- **Chrétien de Troyes**, *Perceval ou le conte du Graal*
- **Chrétien de Troyes**, *Yvain ou le Chevalier au lion*
- **Cocteau**, *La Machine infernale*
- **Cocteau**, *Les Enfants terribles*
- **Colette**, *Le Blé en herbe*
- **Corneille**, *Le Cid*
- **Crébillon fils**, *Les Égarements du cœur et de l'esprit*
- **Defoe**, *Robinson Crusoé*
- **Dickens**, *Oliver Twist*
- **Du Bellay**, *Les Regrets*
- **Dumas**, *Henri III et sa cour*
- **Duras**, *L'Amant*
- **Duras**, *La Pluie d'été*
- **Duras**, *Un barrage contre le Pacifique*
- **Flaubert**, *Bouvard et Pécuchet*
- **Flaubert**, *L'Éducation sentimentale*
- **Flaubert**, *Madame Bovary*
- **Flaubert**, *Salammbô*
- **Gary**, *La Vie devant soi*
- **Giraudoux**, *Électre*
- **Gogol**, *Le Mariage*
- **Homère**, *L'Odyssée*
- **Hugo**, *Hernani*
- **Hugo**, *Les Misérables*
- **Hugo**, *Notre-Dame de Paris*
- **Huxley**, *Le Meilleur des mondes*
- **Jaccottet**, *À la lumière d'hiver*
- **James**, *Une vie à Londres*
- **Jarry**, *Ubu roi*
- **Kafka**, *La Métamorphose*

- **Kerouac**, *Sur la route*
- **Kessel**, *Le Lion*
- **La Fayette**, *La Princesse de Clèves*
- **Le Clézio**, *Mondo et autres histoires*
- **Levi**, *Si c'est un homme*
- **London**, *Croc-Blanc*
- **London**, *L'Appel de la forêt*
- **Maupassant**, *Boule de suif*
- **Maupassant**, *Le Horla*
- **Maupassant**, *Une vie*
- **Molière**, *Amphitryon*
- **Molière**, *Dom Juan*
- **Molière**, *L'Avare*
- **Molière**, *Le Malade imaginaire*
- **Molière**, *Le Tartuffe*
- **Molière**, *Les Fourberies de Scapin*
- **Musset**, *Les Caprices de Marianne*
- **Musset**, *Lorenzaccio*
- **Musset**, *On ne badine pas avec l'amour*
- **Perec**, *La Disparition*
- **Perec**, *Les Choses*
- **Perrault**, *Contes*
- **Prévert**, *Paroles*
- **Prévost**, *Manon Lescaut*
- **Proust**, *À l'ombre des jeunes filles en fleurs*
- **Proust**, *Albertine disparue*
- **Proust**, *Du côté de chez Swann*
- **Proust**, *Le Côté de Guermantes*
- **Proust**, *Le Temps retrouvé*
- **Proust**, *Sodome et Gomorrhe*
- **Proust**, *Un amour de Swann*
- **Queneau**, *Exercices de style*
- **Quignard**, *Tous les matins du monde*

- **Rabelais**, *Gargantua*
- **Rabelais**, *Pantagruel*
- **Racine**, *Andromaque*
- **Racine**, *Bérénice*
- **Racine**, *Britannicus*
- **Racine**, *Phèdre*
- **Renard**, *Poil de carotte*
- **Rimbaud**, *Une saison en enfer*
- **Sagan**, *Bonjour tristesse*
- **Saint-Exupéry**, *Le Petit Prince*
- **Sarraute**, *Enfance*
- **Sarraute**, *Tropismes*
- **Sartre**, *Huis clos*
- **Sartre**, *La Nausée*
- **Senghor**, *La Belle histoire de Leuk-le-lièvre*
- **Shakespeare**, *Roméo et Juliette*
- **Steinbeck**, *Les Raisins de la colère*
- **Stendhal**, *La Chartreuse de Parme*
- **Stendhal**, *Le Rouge et le Noir*
- **Verlaine**, *Romances sans paroles*
- **Verne**, *Une ville flottante*
- **Verne**, *Voyage au centre de la Terre*
- **Vian**, *J'irai cracher sur vos tombes*
- **Vian**, *L'Arrache-cœur*
- **Vian**, *L'Écume des jours*
- **Voltaire**, *Candide*
- **Voltaire**, *Micromégas*
- **Voltaire**, *Zadig*
- **Zola**, *Au Bonheur des Dames*
- **Zola**, *L'Argent*
- **Zola**, *L'Assommoir*
- **Zola**, *Nana*
- **Zola**, *Pot-Bouille*